Udo Robert Riegger

Die wunderbare Welt der

Dreizeiler

Haikus und Artverwandte

sind das Salz in der Suppe des Lebens.

Bibliographische Information der Deutschen Nationalbibliothek:
Die Deutsche Nationalbibliothek verzeichnet diese Publikation in der Deutschen Nationalbibliografie; detaillierte bibliografische Daten sind im Internet über http://dnb.dnb.de abrufbar.

Herstellung und Verlag
BoD – Books on Demand, Norderstedt

ISBN: 978-3-7386-0536-5

Der Autor:

„Dreizeiler mit Biss, habe ich zum Fressen gern."

 Sein Weg ist sein Ziel. Und als er sich darauf begab, war ihm das nicht bewusst. Udo Robert Riegger, Jahrgang 1958, seine Interessen und Vielseitigkeit brachten ihn beruflich zum Maschinenbaumeister, Elektrotechniker, Betriebswirt, Ergotherapeuten und in die freiberufliche Gesundheitsberatung und privat u.a. bis ans Ende (nein, eigentlich bis an den Anfang) dieser Welt. Menschen aller Couleur und das Leben selbst in seiner Unberechenbarkeit, hinterlassen Eindrücke die ihn zu lyrischen Texten, Kurzgeschichten, Dreizeilern und Romanerzählungen inspirieren. Wichtig ist ihm dabei, wie im richtigen Leben auch, Humor und Tiefgang.

„Ich schreibe, weil es mir Spaß macht und etwas in meinem Inneren mich dazu auffordert. Formulierungen über Zusammenhänge, Begebenheiten, Erfahrungen oder Empfindungen entwickeln sich in mir und machen einfach Laune. Insbesondere, wenn die Muse mich völlig überraschend küsst. Das kann am helllichten Tage oder in tiefschwarzer Nacht sein. Nicht selten lese ich dann erstaunt das, was sich vor mir auf dem Papier zusammen gefunden hat. Jedes Mal aber, löst es eine innere Zufriedenheit aus und das sichere Gefühl, dass es richtig ist zu schreiben."

Die wunderbare Welt der Dreizeiler

Haikus und Artverwandte
sind das Salz in der Suppe des Lebens.

Kaleidoskop Mensch 2

von

Udo Robert Riegger

Das Lachen als Muntermacher -

Das Nachdenken als Mutmacher

Widmung

Für die Lebensfreude

Inhalt

Alltägliches

erscheint

von 8 bis 49

Natürliches

macht sich breit

bei 50 bis 74

Sportliches

ereignet sich

ab 75 bis 84

Sinnliches

stimuliert

zwischen 85 bis 94

Zeitungsente.

Eingewickelt im Chinarestaurant.

Nachrichten von gestern.

Durchsicht.

Akten, Ordner hochgestapelt.

Blicke verweilen auf dünner Bluse.

Wermutstropfen.

(Ver)Schafft fehlende Wärme

am ausgekühlten Ofen.

Flaschenpost.

Vergnügt mit Frauchens bester Freundin.

Reue per SMSschleim.

Wüstenfahrt.

Farbenwechselnder Fahrbahnbelag.

Unrasierte Kakteengesichter.

Wüste Fahrt.

Gummigestank und Auspuffschreie.

Am Straßenrand liegt ein Rolllator.

Straßenflitzer.

Dichter Schneefall, blendendes Weiß.

Nachbars Unterhose ist kaum erkennbar.

Unendliche Weiten.

Aufgeblähtes Individuum.

Happy hour im Shop der Übergrößen.

Pilzanhänger.

Suchen Morcheln, Pfifferlinge, Champignons.

Finden sich an Fuß und Nagel.

Kastanienbengeln in Nachbars Garten.

Jungs, die Knüppel in die Bäume werfen,

spüren später andere auf ihren Ärschen.

Erdbeerpflücken-Blues.

Süßer Saft an Münder, Hände und Beine.

Barfüßig sonnengebräunte Pflückerinnen.

Minirock-Slip-Blitzer.

Verdrehter Hals im Seidenschlips.

Herrenzwirn mit Currywurstflecken.

Durchfall.

Heiße dampfende Atmosphäre.

Das Space Shuttle fällt aus dem All.

Hingebungsvoll.

Mit wunderschönen weichen Formen.

Ein randvollgefüllter Weinkrug.

Völlereizwang.

Will der Magen den morgig´ Tag erleben,

muss er sich ergeben.

Picknickstimmung - frivol und ausgelassen.

Stimulierende Nässe schwüler Sommertage.

Im dunstig hohen Gras - feuchter Kuhfladen.

Durchblick.

Hat sich der Eitelkeits-Nebel verzogen,

erscheint die Welt weniger verlogen.

Durchgeblickt.

Andromedanebel mit winzigen Lücken.

Auge in Auge mit einem Alien.

Dreizeiler.

Bilder erscheinen als Worte.

Worte lassen Bilder erscheinen.

Haiku.

Unbegrenzte Lebensfülle.

Bewusstseinserweiterung.

Pudeldame auf dem Arm.

Autoschlüssel fällt im strömenden Regen.

Frauchen bricht der Absatz ab.

Krähennest.

Isoliert am Straßenrand.

Ein rotes Auge blitzt auf.

Träumereien.

Daseinstausch mit Pixel-Charakter.

Lebensziel im Videospiel.

Körpererwachen.

Drängende, sich ausdehnende Formen.

Die Hülle braucht neue Sachen.

Gedankenwelt.

Impulse lassen die Synapsen funzen.

Am Himmelszelt Ideensterne funzeln.

Die andere Seite.

Mystische Gegenden unerforscht.

Die Neugierde blättert für mich um.

Reisezeit.

Züge, Menschen reisen ab.

Und was macht die Zeit?

Durchkämmen.

Haare, glatt, gewellt und lockig.

Soldaten, die vorderste Front.

Mensch des Vertrauens.

Stärkt durch Werte mit leisen Tönen.

Will jungem Leben nichts entwöhnen.

Vertraue in den Tag.

Lass dich fallen in die Morgenröte.

Wirst aufgefangen vom Abendrot.

Regenzeit kommt.

Der Regen hat uns eingeholt.

Wo bleibt die Zeit?

Skytower.

Verletzter in der Bordsteinrinne.

Großstadtpower.

Wandschmucktafel - gibt mit Elan dir kund:

Morgenstund hat Gold im Mund.

Verliert beim Zahnarzt schnell an Schwung.

Übergriffe.

Erzwungene Körpernähe.

Aufriss der astralen Hülle.

Schwermut.

Melancholischer Weltschmerz

mit Herz.

Zigarrenrauch

vernebelt Vernebelndes

im Cognacglas.

Winterzeit in Alabama.

Fliegende Hüte, wehende Röcke.

Country Rock in Blockhaushütte.

Erste Liebe.

Große Augen, nasse Lippen.

Speicheltriefender Schnuller.

Zweite Liebe.

Begleitet beim Essen, Trinken und Schlafen.

Bakterienvolle Schmusedecke.

Dritte Liebe.

Tölpelhaft die Nähe suchend.

Schulbankheimlichkeiten.

Vierte Liebe.

Suche nach Verständnis und sich selbst.

Freundschaftliche Geborgenheit.

Fünfte Liebe.

Neugierige Körperentdeckung.

Naturgetriebene Körperlichkeiten.

Sechste Liebe.

Gemeinsam Lebenspläne schmieden.

Lebensliebeweitergabe.

Siebte Liebe.

Einklang von Körper, Geist und Seele.

Zurückfinden zu sich selbst.

Liebesglück.

Trotz missglückter Versuche,

findet zurück.

Liebes Glück.

Trotz deiner langen, weiten Reisen,

finde zurück.

Kurzentschlossene.

Befreit von Fesseln mit Schloss,

aber nur für kurz.

Herzsprung.

Wenn das Leid bricht eins entzwei.

Wenn die Liebe fährt in zwei.

Pubertät.

Geburtskanal ohne Wehenpresse.

Das Leben erwartet dich mit Vielfältigkeit.

Vakuum.

Sauerstoffmolekülgefühl.

Die Zeit ist um.

Chambre Séparée.

Süßigkeiten, Geschenketische.

Alter besudelt Jugend.

Eitelkeiten streiten.

Ringbesetzte Hände vor gelifteten Gesichtern.

Tragisch abgebrochener Fingernagel.

Auftritt – gedämpft, geschmeidig.

Weiches zwängt sich zwischen die Zehen.

Im Gras entfernt sich schnüffelnd ein Hund.

Leuchtturm-Ende.

Möwen kreischen in hoher Gischt.

GPS für Ozeankreuzersicht.

Leuchtturm-Rente.

Der Wärter hat den Grauen Star.

Die Optik ist verrostet.

Straßenlaterne.

Fahles Licht auf neblig nassem Asphalt.

Eine Frau wartet.

Parkplatz.

Ölfarbene Spuren in Wasserpfützen.

Ein Mann wartet.

Einkaufszentrum.

Taschen in parfümdurchtränkter Luft.

Ein Mädchen wartet.

Eislaufhalle.

Glitzernde Eisfläche in der Dunkelheit.

Ein Junge wartet.

Herbsttagsruhe.

Dämmerlicht im farbenfrohen Blätterwald.

Der Chauffeur hat verschlafen.

Vergessene Aufgehängte.

In den Reihen tauchen Lücken auf.

Am Boden Glas- und Bilderrahmensplitter.

Alternativlosigkeit.

Jogginghosen mit Badeschlappen.

Tennissocken in Sandalen.

Sternschnuppe.

Sein verglühendes Licht im All

ist dem Stern schon lange schnuppe.

Signalfeuer im nebeligen Riff.

Fremde Segler freuen sich.

Und hinter schroffem Fels, auch die Piraten.

Flugzeugabschuss.

Ein Drahtseil spannt sich durch das Gras.

Katapult für die wolkenlose Thermenwelt.

Weihnachtsbaum.

Festlichkeitssymbol in göttlichem Sinn.

Reisigfeuer lodern hoch auf Halden.

Schnäppchenkäufe.

Hastige Füße auf Marmortreppen.

Herbeistürzende Sanitäter.

Preisausschreiben, fair wie immer.

Verlosung hinter verschlossenen Türen.

Marketing bestimmt Gewinner.

Badetag.

Oma, Opa, Vater, Mutter, Kinder.

Die Badewanne - ein Mal gefüllt.

Ein Schiff versinkt in Bälde.

Stürmische Winde treiben tosende Wasser.

Schaulustige vor einem Gemälde.

Mona Lisa.

Mein schlaftrunkener Augenaufschlag.

Dein Lächeln.

Der Schrei.

Lautlose Ölfarbe

geht durch Mark und Bein.

Sparmaßnahmen.

Politiker wälzen große Scheine.

Bürger jeden Cent.

Demokratie-Trichter umgekehrt.

Wenige entscheiden für viele.

Bürgerpräsenz ist ausgegrenzt.

Ausläufer.

Abseits ausgetrampelter Pfade gehend.

Seinen eigenen Weg findend.

Selbstkasteiung.

Versteckter Argwohn, Neid, Verbitterung.

Isolierte Menschlichkeit.

Zirkuszelthimmel.

Weite Schwünge, hohe Sprünge.

Sägemehlwolken am Boden.

Manege frei für:

trampelnde Elefantenherde.

Das Weiße in Liliputclowns Augen.

Hosenboden.

Starke, kräftige Backen.

Strapazierte, schwächelnde Nähte.

Weihnachtswunsch.

Glänzende Kinderkulleraugen.

Trinkwassersonderration.

Osterhasenzeit.

Echtes Kinderlachen im Garten.

Falscher Hase in der Küche.

Spielkasino.

Karten gleiten, Würfel fallen, Kugeln fliegen.

Quietschende Autoreifen.

Fliegende Gedanken.

Sich schlagende Worte.

Poetry Slam.

Gedankenfliege.

In Reime formulierende Versunkenheit.

Eine telefonklingelnde Fliegenklatsche knallt.

Sonntagmorgen.

Kirchenglocken schlagen.

Hilfeschreie im obersten Stock.

Samstagsonntagnacht.

Faraday`scher Alkoholkäfig

versus Geisterfahrernest.

Gehör verschaffen.

Dumpfes Dröhnen, schrillgreller Dauerton.

Weiße Clogs neben Infusionständerrollen.

Des Menschen Lebenserhaltung

benötigt besonders

intelligente Verkehrsverwaltung.

Ausflugsziele.

… in die Ferne schweifen, wenn das Gute …

Eine Krähe hackt im Feldhasenaas.

Urlaubsgenuss.

Gierig geschöpfte Lebensmittel - für den Müll.

All inclusive.

Lustspiel.

Auf den Brettern, die die Welt bedeuten.

Gefühlezauber für die Leute.

Blasenheißer Asphalt.

Flip Flop, Sandaletten, Badeschlappen.

Wollsocken in Springerstiefeln.

Schlafloses New York.

Reklamelichter beleuchten 24h Gesichter.

Polizeisirenen durchschneiden die Luft.

Abschieds- und Willkommenstränen.

Menschen klammern und umarmen.

Dockende Gangway.

Flugzeugabsturz.

Eisigkalter Wüstenwind.

Jemand spricht vom Überleben.

Themse-Blues.

Im Nebel glimmende Zigarrenglut.

Stöckelschuhe klacken hastig.

Seine-Blues.

Haut an Haut Geräusche.

Leises Keuchen, stöhnende Laute.

Ganges-Blues.

Milliardenfache Menschenreinheitswäsche.

Im Wunderwasser versinken Tod und Sünde.

Memphis-Blues.

Airportatmosphäre 5 Uhr in der Frühe.

Müdes Schweben in Elvis-Rhythmen.

Farbenprächtige Lebensspur.

Pulsierend verbindende Nabelschnur.

Durchtrennt.

Wir Menschen

führen ein gemeinsames Leben.

Ob wir uns kennen oder nicht.

Lebensfragen.

Meine Fragen an das Leben.

Das Leben stellt sie mir als Aufgaben.

Nachtruhe.

Friedlich dunkle Geborgenheit.

Seitenschläfers Herzschlag, im Ohr.

So oder so Heimreise.

Lange Fahrten müde Augen.

Kalte Hand rutscht vom Notarztbettenrand.

San Francisco.

Freies Leben, Cable Car und buntes Treiben.

Schlafende im Rinnsal an Autoreifen.

Toleranzausbeutung.

Belebte Einkaufstraße, nicht bei Nacht.

Einer uriniert plätschernd in den Gullischacht.

Golden Gate Bridge.

Leuchtend rotes Stahlgehänge.

Perspektivisch kollidiert ein Schiffsbug.

Betriebsausflug.

Beschäftigte öffnen sich zum Du.

Betriebsintern bleibt diese Öffnung zu.

Betriebsweihnachtsfeier.

Aufgelöste Hierarchien und Krawattenknoten.

Weihnachtsschmuck auf nackter Haut.

Sperrmüll.

Junges Leben mistet aus.

Älterer Herr wurd´ eben rausgestellt.

Die Benzinzapfsäule rattert.

An betrunkenen Lippen klebt eine Zigarette.

Streichhölzer schwimmen in einer Pfütze.

Motorradtour.

Durch Serpentinen mit Vergnügen pur.

Vorbeigerast an erster Ölspur.

Radtour.

Mit Kind und Kegel bis zur Unterführung.

Oben, von der Leitplanke, winkt ein Autorad.

Klingelnde Eisverkäuferglocke.

Rote Köpfe, Speichel tropft aus Mündern.

Bobby Car Rennen.

Wandertour.

Dirndlkleid und High-Heel-Pumps

neben hochglanzpolierter Lederhose.

Zum Fressen gern,

hat der Eine schon mal den Andern.

Da sind Mensch und Tier sich nicht sehr fern.

Hab dich gefressen.

Denkt kein Tier beim Verdauen.

Der Mensch beteuert es, um zu Verdauen.

Vergessen hat das Tier,

wenn alles abgenagt vom Essen.

Der Mensch nagt dran, dass er gefressen.

Friedliche Rheinauen in glänzendem Licht.

Schlagende hasten fluchend umher.

Die Schnakenbrut ist auf der Hut.

Bienenstich,

doch keine Biene ist in Sicht.

Der Konditor schmunzelt in sich.

Sternenhimmel.

Millionen gleißende Lichter.

Durchströmt den Dichter.

Krebsgesicht,

im feuchten Sand verschwunden.

Seine Schädeldecke schmunzelt in die Sonne.

Sandstrandgeplätscher.

Nackte Füße, glückliche Quallen.

Aufgeweichte Brandsalbenverpackung.

Kommende Meereswellen

umschmeicheln Füße schwerer Last.

Gehende, entziehen Füße schwerer Last.

Meerbusen.

Mit Schaumkronen geschmückt.

Bar liegend in der Sonnenglühe.

Meeresrauschen.

Glückseliges Kuscheln.

Zwei Ohren an einer Meeresmuschel.

Meeresströmung.

Kühles Wasser mit brennend heißen Wellen.

Zuhause bei Tentakeln und Nesselzellen.

Haikuss.

Abgetaucht in Raubtiertiefen.

Dichtend ohne Gefahr.

Strandbadenixen.

Ohne Bikinistreifen an Hüften und Brüsten.

Blendenverschluss im Dünengras.

Landeanflug-Ästhetik.

Strapaziertes Bauchfederkleid.

Torkelnder Albatros.

Hairiff mit Angriff.

Luftblasen zerplatzen an der Oberfläche rot.

Urlaubswunsch.

Sommerabendstille.

Mein Wunsch

an die Familie Grille.

Wolkenloser Himmel

über glühender Prärie

galoppiert ein blendender Schimmel.

Eine Katze

lauert auf der Mauer.

Die Maus genießt das Vogelbad.

Eine Amsel, voller Zauber,

ruft nach ihrem Star.

Die Katze leckt sich ihre Krallen sauber.

Ein Löwenzahn steht hoch,

ein anderer steht noch viel höher.

Blaue Wolken aus dem Rasenmäher.

Die Eidechse genießt den warmen Stein.

Verharrend auf drei Pfoten

balanciert dahinter eine Katze.

Ein Fisch springt aus dem Wasser hoch.

Die Fliege verschluckt sich an einem Tropfen.

Ein Graureiher im Sturzflug.

Bernhardinerhund.

Trifft auf Nachbars kleinen Kläffer.

Sein Herrchen ignoriert den kläffenden Halter.

Waldläufer.

Kleine Käfer im morgendlichen Sonnenlicht.

Ein Turnschuhschatten nähert sich.

Exotische Baumschlangen

suchen kletternd Schutz in hohen Kronen.

Kettensägen laufen im Regenwald.

Spitzmauspiepsgeräusche.

Der Katzenleib scheint wie gelangweilt.

Das Katzenohr doch - ein Radar.

Heuernte - Mittagsstille.

Sonnengetrocknet staubendes Gras.

Unterdrücktes Gekicher im Heuschober.

Land-Wirtschaft.

Ignoranz und Selbstsucht stehen am Tresen.

Ausschank für Kunstdüngersäcke.

Schweinefütterung.

Schwere Stiefel schlurfen durch den Matsch.

Darin ein grunzender, quiekender Knecht.

Pferdepflege.

Scharrende Hufe im dampfenden Mist.

Glattrasierte Beine in Gummistiefeln.

Bauernhofidylle.

Bei Sonnenaufgang kräht stolz der Hahn,

hinter der Autobahnlärmschutzmauer.

Melkzeit.

Hände, Zitzen, spritzende Milch.

Die Bäuerin schleppt sich mit dem Eimer.

Kalbzeit.

Laut muhend steht die Kuh in ihrem Stall.

Laut fluchend steckt der Bauer in ihr.

Meerenge.

Abgetaucht in Quallenschwärme.

Paarungsplatz der scharfen Zähne.

Sommernachmittag.

Maiskolbenstiele, grünlichgolden glänzend.

Zwischen ihnen lächeln Hanfgewächse.

Sturmwind.

Der Weidenbaum geschmeidig wiegend.

Am Teichrand stolpert ein Kind.

Ausrittmeditation.

Im Sattel ruhiges rhythmisches Wippen.

Gemächlich fallende Pferdeäpfel.

Pferdeleben.

Dressur im Traben, Springen, Galoppieren.

Im Nil taucht eines unter.

Esels Ohren.

Witzig bewegen sie sich dort beim Grasen.

Witzlos, will man den Rest bewegen.

Eselsohren.

Leicht gemacht in Bücherseitenecken.

Langgezogen dann vom Lehrer.

Fütterungszeit, wenn Kühe muhen,

Hunde bellen, Vögel kreischen,

Katzen miauen, Fische …

Fütterungsanspruch.

Muhen, Bellen, Kreischen, Wiehern, Fauchen.

Mittagsruhe.

Landregen.

Grashalme neigen sich zur Seite.

Irgendwo wiehert ein Pferd.

Dämmerung.

Es dämmert dem Morgen, dem Abend.

Und dem Menschen?

Jahreszeitlich.

Sommerlich, herbstlich, winterlich.

Augenblicklich frühlinglich.

Sommerlich.

Lenden umschmeichelnder Windeshauch.

Frühjahrsschwangerschaftsbauch.

Herbstlich.

Stürme peitschen durch das Land.

Zerren an blank gefegten Nerven.

Winterlich.

Der Windhauch schmerzt eiskalt frostig.

Tänzelnd verfliegt der Atemhauch.

Frühlinglich.

Frische Lüfte, Düfte und Gerüche

versöhnen Mensch und Natur.

Regenbogenanziehungskraft.

Bewundernde Blicke in den Himmel.

Wassertropfen auf Brillengläsern.

Regenbogennarben.

Schlieren in den Bogenfarben.

Eitelkeit der Luftverschmutzung.

Weitsüchtig.

Fußabdrücke im Himalayaschnee.

Der Welt auf´s Dach steigen.

Frische Blumenpracht.

Vorfreude pflanzt, hegt und wässert.

Nachtfreude bei den Nacktschnecken.

Familienstandortwechsel.

Umzugsspuren quer durch den Garten.

Die Schneckens sind ausgezogen.

Pfirsiche am Baum.

Aufgeplatzte zarte Außenhäute.

Pendelnde Zuckertropfen.

Pfirsich am Baum

mit lecker gold´ner Vorderseite.

Sein Stein schaut faul aus der Hinterseite.

Äpfelpflücker in Übersee.

Rote Backen, grün hinter den Ohren.

Das Suchen neuer Lebensformen.

Apfelgenuss.

Herzhafte Bisse in saftiges Fruchtfleisch.

Von außen ich, von innen der Wurm.

Kirschenzeit.

Frisch verdorbene Kirschen auf den Wegen.

Marmelade mit Geschmacksverstärker.

Gartenaufenthalte.

Schweißtreibende, mühevolle Bodenarbeit.

Verständnislos schaut die Katze zu.

Urlaubsvorfreude.

Gepäck schleppen und mühsam verstauen.

Pubertierende sitzen schon mal im Auto.

Flugtag.

Datumsgrenze - Meetingpoint

von Past und Future im Continuous.

Frühlingstag.

Bäume schlagen aus, Tiere hellwach aktiv.

Frühjahrsmüdigkeit.

Sommertag.

Hummeln und Bienen fliegen emsig.

Ermattet schaut ein Nachtfalter zu.

Herbsttag.

Zur Blätterflut fällt Blatt um Blatt.

Wasserpegel steigen Tropfen um Tropfen.

Wintertag.

Bärenjagd und Robbenflucht.

Blutverschmierte Hundeschnauzen.

Feierabend.

Rückenschmerzen, Müdigkeit, stressgeplagt.

Erwartungsvolle Hundeaugen.

Ionenverdichtung.

Ströme durchzucken die Gehirne.

Nicht nur der Dichter benutzt sie.

Nervenzelle.

Hochaktiv, Impulse übertragend.

Grandios verbindet sie die Universen.

Nervende Zelle.

Zur Inaktivität isoliert

und vor dem Fenster Gitterstäbe.

Synapsen-Blues.

Anfangs, funkensprühende Feuerwerke.

Später, verklebte Kontaktbeschwerden.

Wellenreiter.

Im Blick die tosende Brandung.

Im Kielwasser eine Finne.

Fliegenfischer.

Sich mitten in die Fluten mühen.

Prachtkerle am Gewässerrand gleiten.

Kitesurfer.

Pralles Segel – Salto über Wellenkämme.

Fliegende Fischschwärme.

Pistenabfahrt - verboten, still und leise.

Steilhang - Schneeverwehung - Abgrund.

Snowkiting.

Fallschirmspringen.

Eisige Luft zerrt die Haut zum Fratzengesicht.

An Schnüren zerren lachende Drachen.

Freehand Climber.

Bunte Hosen wehen unter Felsvorsprüngen.

Verärgert schaut ein Adler.

Drachenflieger.

Glückselig von Therme zu Therme.

Ein Albatros entleert sein Gedärm.

Trockentauchen.

Absinken und schwebend erheben.

Skydiving.

Kletterers Wandschmuckerbe.

Ein Vorhang herrenloser, neonfarbiger Seile.

Dahinter marmorierter Stein.

Wandgehänge.

Abgewaschen von Gewitterwolken.

In Felsspalten klemmt bunter Alpinistendress.

Wasserdurchbruch.

Klippenspringer.

Delfin.

In das Aus fliegt scharf getreten der Fußball.

Schirmchen von Pusteblümchen fliegen hoch.

Am Spielfeldrand, ein bleiches Kindergesicht.

Stabhochsprung.

Zentimetergleich im selben Durchgang.

Beim Letzten passiert das Missgeschick.

Staffellauf.

Rasant und schnell den Stab geschickt.

Gebrochener Stab, dynamischer Abgang.

Speerwurf.

Weit und hoch gen Himmel.

Marathonstartgewimmel.

Dauerlauf.

Gedränge auf der Innenbahn.

Gefährlich nah rauscht ein Speer heran.

Triathlon.

Sich im Wasser treten und dann in die Pedale.

Das Marathonziel erreichen nicht alle.

Diskuswurf.

Glänzende Scheiben durchschneiden die Luft.

Im Military-Ziel, Sättel ohne Reiter bleiben.

Kugelstoßen.

Schwungvoll weg, das Metall aus der Hand.

Nebenan landet ein Gesäß im Sand.

Dreisprung.

Gazellenartig hoch und weit um jede Wette.

Verworfener Hammer im Netz, samt Kette.

Sprinter rennen in Sekundenschnelle.

Kein Atemzug, bis sie im Ziel.

Zehnkämpfer über anaerober Schwelle.

Hürdenläufer.

Rennend, fliegend, wankend immer weiter.

Hochsprungslattenhöhenveränderungsleiter.

Hochsprung.

Geschmeidige Dynamik ist nicht zu toppen.

Hürdenlauf - vergessen die Zeit zu stoppen.

Synchronschwimmen.

Elegant, grazil, höchst angespannt.

Ein Knie wird in ein Blütenblatt gerammt.

Kunstspringen.

Saltos, Schrauben, Körperspannung satt.

Synchronschwimmern fehlt ein Blütenblatt.

Das Ringen,

erlaubt den Körpern sich zu verknoten.

Ringseile begrenzen schlagende Pfoten.

Der Boxer,

im Gesicht ein Schnitt.

Der Ringer, das Gesicht im Schritt.

Bodenturnen.

Hohe Sprünge, dünne Matten.

Gewichte beim Heben ermatten.

Gewichtheben.

Mit kraftvollem Zug und Druck.

Bällchen und Schleifchen hoch mit Ruck.

Knarrende Barren.

Muskeln, die schmerzend verharren.

Beim Pferd geht ein Sprung daneben.

Höhepunkt durch Liebe.

Hingebungsvoll verfließen.

Seelen sich begrüßen.

Höhepunkt durch Sex.

Explodierende Zellen.

Versandende Wellen.

Reibereien

enden in höchstem Genuss,

durch zärtlichen Feigenkuss.

Entspannung.

Erlöste Leiber fallen nieder.

Und wieder stören die Mied(t)er.

Ekstasenende.

Ermattet aufrecht stehen,

können nur die weiblich´ Brüste.

Begierde.

Feuchtes, warmes Ineinandertreffen.

In Gedanken ohne Zierde.

Vorspiel.

Stimulierendes Verwöhnen,

aushalten können.

Nachspiel.

Im schutzlosen Liegen,

Vertrauen kriegen.

Heimliches Liebesgerangel.

Auf dem Flur,

schweres Stiefelgetrampel.

Traumhaftes.

So schön und so willig.

Der Wecker klingelt.

Sinnlichkeit,

schleudert in die Unendlichkeit,

durch wortlosen Blick.

Zauberhafter Augenblick,

Harmonien im Vorübergehen,

zurückgelassen.

Körpernähe.

Wohlwollender Wärmeaustausch.

Auren umarmen sich streichelnd.

Verlieben.

Berührungen im wahren Ich.

Coolness ist vertrieben.

Liebestreibsand.

Freiwilliges Untergehen,

ohne ausgestreckter Hand.

Morgenstimmung.

Löffelstellung aufgelöst - Körperwärme.

Schlafende Hände auf Gesäß und Schulter.

Mittagstimmung.

Schwüle, auf Spalt gestellte Fensterläden.

Dahinter weiche, feuchtverklebte Körper.

Abendstimmung.

Auf dem Tisch ein sinnlich´ Mahl mit Kerzen.

Darunter nackte Zehen miteinander Scherzen.

Stimmungsexperiment.

Tief vereinigt, regungslos.

Schoßberuhigung - hoffnungslos.

Einschlafstimmung.

Pulsschläge nicht mehr eilend,

Haut an Haut verweilend.

Nachmitternachtstimmung.

Gefühlsgesteuert, intuitiv und instinktiv.

Halbschlafvereinigung, höchst intensiv.

Liebend durch den Magen gehend.

Edle Gewürze, exotische Stoffe.

Hier und da manch´ Zelle pochend.

Bettflasche.

Heizt dich an mit ihrer Wärme.

Erhitzt du dich - hat sie Migräne.

Liebeslust.

Tollen, balgen, frei bewegend sich genießen.

Freude schenken.

Liebesmacht.

Selbstaufgabe, Hörigkeit.

Lebenssinn und Lebensfreude.

Liebeswunsch.

Sollst nie durch mich hindurch nur sehen,

ich könnte keinen Schritt mehr gehen.

Wünsch` mir liebestaumelnd,

wankend, kaum noch stehend,

möge dies hier nie vorübergehen.

Flüchtige Berührung.

Rücken, Hüfte, Hände, Arme, Nacken.

Im Vorübergehen - lieben.

Danke

für diesen

gemeinsamen Spaziergang

Liebe Leserin

Lieber Leser

Für Dich

Bist du verzagt an manchen Tagen
findest keine Antwort auf Fragen über Fragen

glaubst alles hat doch keinen Sinn
sagt eine Stimme dir wirf dich doch hin

fühlst dich wie aus ´nem Flugzeug fallend
hörst dich selbst auf den Boden knallend

in diesen Momenten diesen schweren
will ich dir, mehr als Trost, Gewissheit bescheren
die ohne mein Zutun kommt aus höheren Sphären

wirf einen Blick auf mein Signum nun
und gib deinen Gedanken danach Zeit zu ruh´n

denn eines morgens als ich erwacht
wusst´ ich dies Kürzel ist dazu gedacht

in Englisch zwar kurz und prägnant
möchte ich´s dir geben an die Hand

egal was andre von dir denken
egal wie sie dein Leben lenken
egal ob sie dich irritieren
egal ob sie dich kritisieren
egal ob sie dich mit Füßen treten
egal ob sie zu Götzen beten
egal ob ihre Lügen lassen dich erbeben
-
You Are Right in diesem Leben!

Von Udo Robert Riegger bisher erschienen:

Keine Angst vor großen Tieren - menschlich - 1
Nur auf den Humor ist noch Verlass
ISBN 978-3-7357-6133-1

Keine Angst vor großen Tieren - menschlich - 2
Nur auf den Humor ist noch Verlass
ISBN 978-3-7357-7513-9

Keine Angst vor großen Tieren - politisch - 1
Unsere absurde Politik-Wirklichkeit bekommt ein Gesicht
ISBN 978-3-7357-5752-4

Keine Angst vor großen Tieren - politisch - 2
Unsere absurde Politik-Wirklichkeit bekommt ein Gesicht
ISBN 978-3-7357-7499-6

Keine Angst vor großen Tieren - tierisch - 1
Tier im Mensch und umgekehrt
ISBN 978-3-7357-5843-9

Keine Angst vor großen Tieren - tierisch - 2
Tier im Mensch und umgekehrt
ISBN 978-3-7357-7497-2

Kaleidoskop Mensch 1
Über die potentielle Farbenpracht des Menschen
Kurzgeschichten
Aus dem Leben - Für das Leben
Wahr oder nicht wahr, entscheiden Sie selbst.
Jede für sich eine Perle mit faszinierenden Überraschungen
und spannenden Wendungen.
ISBN 978-3-7357-7508-5

Kaleidoskop Mensch 2
Die wunderbare Welt der Dreizeiler
Haikus und Artverwandte
sind das Salz in der Suppe des Lebens.
Spazieren Sie durch 245 Wortspielereien und entdecken Sie
Alltägliches, Natürliches, Sportliches und Sinnliches
mit Humor und Tiefgang.
ISBN 978-3-7386-0536-5

Alle Erscheinungen auch als E-Book erhältlich.